EL CASO DREYFUS

La conspiración del Estado francés
y la lucha por la verdad y la justicia

Por Pierre Mettra
Traducido por Laura Soler Pinson

Historia 50Minutos.es

EL CASO DREYFUS

- **¿Cuándo?** De octubre de 1894 a julio de 1906.
- **¿Dónde?** En Francia, en particular en París.
- **¿Contexto?**
  - Las tensiones internas en la Tercera República.
  - Las tensiones militares en Europa a finales del siglo XIX.
  - El auge del antisemitismo y del nacionalismo.
- **¿Principales protagonistas?**
  - Alfred Dreyfus, oficial francés (1859-1935).
  - Auguste Mercier, general francés (1833-1921).
  - Émile Zola, escritor francés (1840-1902).
  - Hubert Joseph Henry, oficial francés (1846-1898).
  - Ferdinand Walsin Esterházy, oficial francés de origen húngaro (1847-1923).
  - Georges Picquart, general francés (1854-1914).
  - Bernard Lazare, escritor y periodista francés (1865-1903).
  - La prensa parisina.
  - La opinión pública francesa.

- **¿Repercusiones?**
  - La ruptura de la opinión pública francesa en el marco de una larga lucha por la verdad.
  - La puesta a punto de un ideal republicano y democrático francés.

El caso Dreyfus es, ante todo, la historia de una injusticia. En 1894, la vida del capitán Alfred Dreyfus se tambalea, cuando se le condena a cadena perpetua en un lúgubre islote de la Guayana Francesa por un crimen de alta traición que no ha cometido. Entonces, se entabla un largo combate por la verdad y por la justicia, lo que provoca un debate que divide a la opinión parisina en dos bandos: los *dreyfusards*, partidarios del capitán, y los *antidreyfusards*.

Las tensiones sociales de la época se cristalizan en torno a acaloradas polémicas que genera la condena del capitán judío. Su culpabilidad, que inventa un Estado Mayor francés que multiplica los fraudes y las faltas profesionales, revela las debilidades de la Tercera República frente a un nacionalismo creciente que se basa en un clericalismo antisemita y en una sacralización del Ejército francés. El acontecimiento pasa de ser un caso judicial a convertirse en un problema de la sociedad. Las disensiones terminan por llegar a la Asamblea y alimentan un clima pernicioso que amenaza gravemente las instituciones republicanas.

La tormenta que se abate sobre la opinión pública queda representada por una prensa muy enérgica. Se movilizan los grandes ideales políticos de la época y algunos personajes influyentes se comprometen con la defensa de Alfred Dreyfus y con la de los valores de la República, puestos en entredicho por el complot tramado contra el capitán. Escritores como Émile Zola, políticos como Georges Clemenceau (1841-1929) y Jean Jaurès (1859-1914), periodistas como Joseph Reinach (1856-1921) e, incluso, profesores, abogados y militares, como Georges Picquart, lucharán para que se haga justicia.

La gran crisis que estalla con el caso Dreyfus contribuye en gran medida a definir la idea moderna de república y encarna un momento clave de la construcción de la vida parlamentaria francesa. Las problemáticas que nacen de este acontecimiento conservarán toda su fuerza e, incluso, pueden cuestionar la actualidad política del siglo XXI.

- 14 -

CONTEXTO

UN PERIODO DE INESTABILIDAD POLÍTICA Y SOCIAL

En 1894, cuando se abre el caso Dreyfus, Francia acaba de salir de un periodo de crisis. En 1871, es vencida por el Ejército prusiano y ve cómo una parte de su territorio es ocupado. A partir de ahí, surge la Tercera República, que se encuentra en 1889 con el boulangismo, un movimiento demagógico liderado por el general Boulanger (1837-1891) que amenaza directamente la República. A esto se añade en 1892 el caso de Panamá, que está relacionado con la corrupción de ciertos políticos por la intermediación de la empresa encargada de perforar el istmo panameño. Este escándalo salpica a las altas esferas del Estado y se instaura una forma virulenta de activismo político. Efectivamente, esta propaganda consiste en una serie de atentados con bomba y ejecuciones que culmina con el asesinato del presidente del Consejo Sadi Carnot (1837-1894). Estos actos violentos, cometidos principalmente por militantes anarquistas, se reprimen con medidas severas llamadas las leyes perversas.

Aunque Francia vive crisis importantes, lo que también genera problemas es la ausencia total de políticas sociales. La República es burguesa, se apega a los valores tradicionales del trabajo y del ahorro, es inmovilista desde un punto de vista social e ideológicamente se sitúa junto al positivismo, junto a la idea de progreso científico. Las elecciones de 1893 otorgan la ventaja a los republicanos moderados, en detrimento de los radicales de izquierdas. Los monárquicos siguen conformando un grupo parlamentario. Los socialistas, que están un tanto marginalizados y que se encuentran en la extrema izquierda del escenario parlamentario, cuentan con 40 diputados, entre los que se encuentra Jean Jaurès.

A nivel económico, Francia dispone de un franco estable y deja entrever un cierto crecimiento. Las materias primas necesarias para la expansión industrial son la hulla y el acero, materias que Francia produce en grandes cantidades. Estos materiales también se utilizan para la fabricación de armamento.

EL EJÉRCITO Y LA REPÚBLICA

Cuando se produce este acontecimiento, el Ejército francés ocupa una posición fundamental en la ideología nacional. Mientras las tensiones entre Francia y Alemania son numerosas, el Ejército aumenta su valor y está considerado como una muralla contra las agresiones que vienen del otro lado del Rin. Además, la ideología nacionalista, que se encuentra en pleno auge, hace mucho hincapié en lo militar.

Si bien es cierto que la opinión pública se interesa realmente por los asuntos del Ejército y que la República le otorga valor, no son sentimientos recíprocos. El Estado Mayor francés es independiente y se mantiene cuando se producen cambios de Gobierno. Por lo tanto, el Ejército forma un conjunto social y político capaz de reproducirse por sí solo, y se encuentra peligrosamente fuera del control republicano. Aunque los jóvenes suboficiales que salen de la Escuela Politécnica pueden insuflarle un espíritu republicano, todavía está dominado mayoritariamente por la aristocracia, que políticamente se sitúa del lado de la monarquía.

En el contexto delicado de la época, todos los países practican ampliamente el espionaje. La psique nacional se ve invadida por el miedo del agente a sueldo del enemigo, lo que también alimenta los las novelas por entregas y los artículos de los periódicos. Se dan todos los requisitos para que surja la paranoia. Para enfrentarse a ella, el Ejército francés dispone de su departamento de espionaje y de contraespionaje, la Sección de Estadística. Italia y Alemania son sus principales terrenos de acción, y allí se envía con frecuencia a agentes secretos. La Sección está directamente situada bajo la responsabilidad del general Charles-Arthur Gonse (1838-1917), subjefe del Estado Mayor, y bajo la dirección del teniente coronel Jean Sandherr (1846-1897). Este último, asistido en su función por el comandante Hubert Joseph Henry, es un antisemita notorio. No se trata de algo extraordinario en aquella época, y esto saca a la luz los puntos negros de la República.

UN ANTISEMITISMO LATENTE

En efecto, la Francia de finales del siglo XIX es presa de un antisemitismo latente. Si bien es cierto que desde hace tiempo los judíos sufren opiniones que ciertos sectores de la sociedad vierten sobre ellos, la situación empeora en los años 1890, sobre todo con la influencia de ciertos pensadores de la época, como Édouard Drumont (1844-1917). El periódico que edita, *La Libre Parole*, «La Palabra Libre», es la tribuna predilecta. En 1886, publica *La Francia judía*, un libro que incita profundamente al odio en el que evoca un complot judío. Esta obra la leerán en particular Hitler (1889-1945) y Mussolini (1883-1945), y se convierte en un auténtico éxito de ventas en las librerías, prueba del amplio público que movilizan las ideas antisemitas. Para una cierta parte de la opinión pública, ser judío significa tener una tendencia natural a la traición y participar en un sindicato de ladrones adinerados.

LA FRANCIA JUDÍA

La Francia judía de Drumont, obra fundadora del antisemitismo moderno, conoce un éxito rotundo. En su primer año de publicación, se venden más de 60 000 ejemplares, y en 20 años se reedita cerca de 200 veces. Las 2000 páginas que lo conforman utilizan el registro de la paranoia para hablar de un «sindicato» que agrupa sobre todo a los protestantes y a los francmasones al amparo de los judíos del mundo, unidos para imponer su dominación sobre la humanidad. Para Drumont, ferviente adepto de un catolicismo populista, los judíos forman una «raza» ávida de ganancias y dispuesta por naturaleza a perjudicar a la humanidad.

Cabe destacar las tensiones que surgen dentro del Ejército. En efecto, para algunos judíos —entre los que se encuentra el capitán de artillería Albert Dreyfus—, la institución militar es el lugar ideal donde uno puede expresar su patriotismo e intentar ascender en la República por méritos. El éxito de algunos de ellos, que salen de la Escuela Politécnica, despierta los celos de aristócratas cuya progresión profesional se ve entorpecida, lo que genera duelos. En 1892, Drumont empeora la situación lanzando en su periódico una amplia campaña de prensa contra los judíos en el Ejército y mostrando toda una serie de caricaturas de soldados judíos.

Lejos de ser un epifenómeno, este antisemitismo penetra en la sociedad francesa y sirve de base para ideologías nacionalistas emergentes, que llevan al racismo y a la xenofobia, tal y como muestra el caso Dreyfus.

PROTAGONISTAS PRINCIPALES

ALFRED DREYFUS, OFICIAL FRANCÉS

Alfred Dreyfus, nacido en Mulhouse en 1859, se ve envuelto muy a su pesar en un asunto judicial y político de peso en la Francia de la Tercera República. Su familia abandona Alsacia en 1871, cuando Alemania se anexiona esta región, para instalarse en París y conservar de esta manera la nacionalidad francesa. En 1878, el joven entra en la Escuela Politécnica y, en 1890, en la Escuela de Guerra. Este oficial de artillería prometedor, representante de una nueva clase de militares republicanos, ve cómo irremediablemente salta por los aires su futuro en el Ejército en 1894, cuando es acusado de un crimen que no ha cometido. Vuelve a reintegrarse en el Ejército, sirve durante la Primera Guerra Mundial y participa sobre todo en la batalla del Marne. Muere en 1935 de un infarto.

AUGUSTE MERCIER, GENERAL FRANCÉS

Nacido en Arras en 1833, Auguste Mercier inicia su carrera militar en la Escuela Politécnica. A continuación, experimenta una progresión notable y participa en los enfrentamientos contra Prusia en 1870. En 1889, obtiene el grado de general de división. 4 años más tarde, obtiene la cartera de ministro de Guerra en el Gobierno francés. Entonces, se declara republicano y, al igual que Dreyfus, representa a una nueva generación de militares que sale de la Politécnica. Sin embargo, durante el caso Dreyfus, se vuelve cómplice de faltas profesionales y de falsificaciones efectuadas por el Estado Mayor para garantizar la condena de un inocente. En 1889, cuando Georges Clemenceau y Jean Jaurès militan para que sea juzgado por sus crímenes, el Parlamento vota una ley de amnistía que lo atañe. Hasta su muerte en 1921, se reafirma en cuanto a la culpabilidad de Dreyfus.

ÉMILE ZOLA, ESCRITOR FRANCÉS

El célebre novelista Émile Zola nace el 18 de abril

de 1840 en París. Pasa una parte de su juventud en Aix-en-Provence, de donde se va en 1858 para dirigirse a París. En 1861, entra al servicio del editor Hachette y, a partir de 1863, redacta con regularidad artículos literarios y políticos como periodista. Su mayor contribución a la lucha a favor de Dreyfus la hace a través de la prensa, con la publicación de su famoso «Yo acuso», publicado en el periódico *L'Aurore*, «La Aurora». Imbuido de las ideas positivistas de su época, apegado a una descripción precisa de las realidades sociales que lo rodean, es el autor de obras relevantes que describen situaciones lo más realistas posibles, algo que le vale la distinción de ser considerado el padre del naturalismo. Su obra más famosa es el relato épico en 20 volúmenes de la familia de los Rougon-Macquart, auténtico cuadro de la sociedad francesa de finales del siglo XIX. Muere en París en 1902.

HUBERT JOSEPH HENRY, OFICIAL FRANCÉS

Hubert Joseph Henry nace en 1846 en una familia modesta. Entra en el Ejército francés y participa en los combates que enfrentan Francia con Alemania en 1870. En 1879, es asignado al servicio de contraespionaje francés, la Sección de Estadística. Allí se encarga sobre todo de leer documentos interceptados a la embajada alemana en París. Participa en gran medida en las manipulaciones que efectúa el Estado Mayor para inculpar a Dreyfus y elabora varias falsificaciones toscas. Cuando es desenmascarado en 1898, se suicida.

FERDINAND WALSIN ESTERHÁZY, OFICIAL FRANCÉS DE ORIGEN HÚNGARO

Ferdinand Walsin Esterházy, nacido en 1847 de padre militar, elige desde muy pronto realizar el servicio militar. Se enrola en la Legión Extranjera y participa en el conflicto militar que enfrenta a Francia con Prusia en 1870. A partir de 1874, es oficial en París, donde lleva una vida licenciosa. Este derrochador, aficionado al juego, proxeneta y estafador se dirige a la embajada alemana a partir de 1894 para vender información a cambio de dinero. Alfred Dreyfus es acusado de este crimen en su lugar y así es como empieza el caso. Aparentemente, es afín al comandante

Hubert Joseph Henry, que lo ayuda a protegerse a partir de 1896. Cuando este último es arrestado en 1898, Ferdinand Walsin Esterházy huye a Inglaterra, donde vive con total impunidad hasta su muerte, en 1923.

GEORGES PICQUART, GENERAL FRANCÉS

Georges Picquart, nacido en Estrasburgo en 1854, entra en la prestigiosa Escuela de Saint Cyr en 1872. Asciende en la jerarquía militar y, cuando se le sitúa a la cabeza de la Sección de Estadística en 1896, es teniente coronel. Está muy apegado a la institución militar; sin embargo, se posiciona a favor de una revisión del juicio que ha condenado injustamente a Dreyfus. Durante el caso, es desacreditado y sufre violentos ataques por parte de la prensa nacionalista, mientras que el Estado Mayor intenta liberarse de él y lo lleva ante la justicia militar. Es rehabilitado en 1906, a la vez que Alfred Dreyfus. Muere en 1914.

BERNARD LAZARE, ESCRITOR Y PERIODISTA FRANCÉS

Bernard Lazare, nacido en 1865 en el seno de una familia judía de Nimes, es uno de los primeros apoyos del capitán Dreyfus cuando este recibe su condena en 1894. Tras unos estudios avanzados en la Escuela Práctica, abraza una carrera literaria en la que, sobre todo, redacta textos comprometidos que tratan problemas sociales, como el antisemitismo. Es *dreyfusard* desde el principio y participa en la aventura editorial del famoso texto de Zola «Yo acuso», publicado en 1898. Muere en París en 1903 y, por lo tanto, no ve la rehabilitación del capitán Dreyfus, para la que tanto había militado.

EL CASO DREYFUS

EL INFORME SOSPECHOSO

Una de las tareas principales de la Sección de Estadística consiste en vigilar la embajada italiana en París y, sobre todo, la embajada alemana. Poco antes del inicio del caso, la Sección centra su atención en un agregado militar alemán, Max von Schwartzkoppen (1850-1917), que Berlín envía para efectuar misiones de espionaje en Francia. Se intercepta su correspondencia y se recuperan sus papeles por lo que el servicio de contraespionaje francés llama la vía ordinaria, es decir, a través de la embajada. De esta manera, Marie Bastian, una de las mujeres de la limpieza de la embajada, transmite a la Sección el contenido de las papeleras de Schwartzkoppen. Los servicios franceses descubren un tráfico de datos que hablan acerca de planes maestros, documentos que informan de preparativos de defensa de ciertos territorios franceses. El agente francés que supervisa este tráfico es apodado Dubois por Maximilien von Schwartzkoppen y por Alessandro Panizzardi

(1853-1928), el agregado militar italiano.

El 26 de septiembre de 1894, la Sección recibe los trozos rasgados de una carta que el comandante Henry reconstruye. El informe anuncia el envío de documentos relativos a las actividades militares francesas. Henry se lo enseña a su superior, el coronel Sandherr, que muestra su preocupación. Avisa al general Gonse, quien a su vez informa al general Boisdeffre, jefe del Estado Mayor. De esta manera, la información se transmite rápidamente hasta que llega a oídos del general Mercier, ministro de Guerra.

EN LOS ORÍGENES DEL CASO DREYFUS: ENTRE ERRORES E INCOMPETENCIAS

El asunto causa una gran inquietud, y los generales desean encontrar un culpable lo más rápidamente posible. Se opta entonces por investigar en las oficinas del Estado Mayor. Esta deducción resulta poco brillante, si evaluamos los documentos que se prometen en el informe y que, al final, son poco importantes. Además, se piensa que la decisión sabia es rebuscar por el lado de los artilleros de prácticas en el Estado Mayor, algo que constituye otro error, puesto que la carta termina con las palabras «me voy a efectuar maniobras»[1]; no obstante, los artilleros de prácticas no tienen ninguna misión prevista en 1894. A pesar de todo, los informes de prácticas se supervisan y se conserva el de un oficial descrito como «muy capacitado, pero pretencioso»: el capitán Alfred Dreyfus.

El 6 de octubre de 1894, se confía la redacción de un primer informe al teniente coronel Armand du Paty de Clam (1853-1916), un oficial de policía judicial. El informe apunta a Dreyfus como sospechoso. Unos días más tarde, el experto grafólogo del Banco de Francia formula sus dudas en cuanto a la similitud de las escrituras de Dreyfus y del autor de informe. Es apartado del caso y, en seguida, es sustituido por el prefecto de policía Alphonse Bertillon (1853-1914), que no tarda en declarar que las grafías sí que son similares, y además precisa que la caligrafía del informe es, en su opinión, una caligrafía natural y no transformada por su autor. Sin embargo, poco después se contradice al afirmar que, para

---

1. Cita traducida por 50Minutos.es

el informe, Dreyfus ha inventado una tipografía en la que mezcla su propia caligrafía con la de su hermano. El antisemitismo consolida una serie de incompetencias y de graves errores, y Alfred Dreyfus es declarado culpable.

Alphonse Bertillon, nombrado prefecto de policía de París en 1882, es el inventor de la antropología criminal. Él pone a punto un sistema de reconocimiento de sospechosos a través de sus rasgos físicos, sus particularidades visibles y sus huellas digitales. En resumen, es lo que actualmente se llama descripción en la jerga policial. Aunque los métodos policiales modernos le deben mucho, cabe señalar que acompañaba estas prácticas de ideas racistas y deterministas, y era un reconocido antisemita.

El 15 de octubre de 1894, Alfred Dreyfus, que no está al tanto de nada, es llamado para una inspección en el despacho del general Boisdeffre. El comandante Henry y el teniente coronel Paty de Clam están presentes. Este último pide a Dreyfus que escriba en su lugar un texto breve, arguyendo que tiene una herida en la mano. Estas palabras deben confirmar los peritajes grafológicos inverosímiles de los investigadores. Alfred Dreyfus acata la orden, pero en esa mañana de octubre tiene frío y su mano tiembla. Los oficiales presentes están convencidos de que se trata de una prueba de culpabilidad y lo arrestan. Lo dejan solo en la habitación, frente a una pistola cargada. En contra de lo que esperan sus superiores, no se suicida, ya que se sabe inocente y, por lo tanto, cree que se trata de un malentendido.

DEL ERROR A LAS FALTAS PROFESIONALES

El culpable real se llama Ferdinand Walsin Esterházy, jefe del 74.º Batallón de Infantería. Es afín a Édouard Drumont y ejerce una cierta influencia sobre la dirección editorial de *La Libre Parole*. Lleva una mala vida, autor de abusos de todo tipo, desde el proxenetismo a la estafa. Este aficionado al juego empedernido siempre necesita dinero, y por ello se pone en contacto con Schwartzkoppen en el verano de 1894. El estafador, que le promete documentos secretos, intenta obtener dinero con papeles falsos o ridículos, como los que evoca en el informe que redacta. Su comportamiento extraño termina por llamar la atención de un agente doble llamado Cuers, que avisa a los servicios secretos franceses de la conducta sospechosa de un jefe de batallón. Sin embargo, el asunto no va más allá.

El 2 de noviembre, la Sección intercepta un telegrama que el agregado militar italiano envía a su Gobierno, en el que informa de procedimientos en curso de los que tiene conocimiento. Una vez que se descifra el telegrama, se sabe que Dreyfus no tenía relación con Panizzardi. Sin embargo, el comandante Henry, con el consentimiento de sus superiores, añade hábilmente algunas palabras acusadoras al telegrama. Conscientes de la ligereza de la acusación, los oficiales deciden constituir en secreto un expediente para agravar los cargos que pesan sobre el infortunado. En este expediente, figuran varios archivos dudosos, entre los que se encuentra el telegrama modificado de Panizzardi. La Sección añade documentos que prueban que existe un vínculo —ficticio— entre el informe y el caso de los planes maestros. Se suma la carta que supone la raíz del asunto y que terminaba con la mención «este canalla de D.», y la inicial se presenta como que corresponde a Dreyfus. También se inserta un comentario insistente cuyo objetivo es consolidar todo el asunto.

A pesar de que se acumulan los elementos incriminatorios, el juicio por traición que se desarrolla contra Dreyfus, en diciembre de 1894, no parece que esté perdido de antemano. En efecto, el expediente secreto no puede presentarse como una prueba en la sala de audiencia, dado que no está garantizada la autenticidad de las fuentes. Como las falsificaciones son bastante toscas, la opinión pública podría llegar a averiguar el fraude. Además, declarar como secreto de defensa un expediente que, en conjunto, resulta bastante poco incriminatorio permite darle importancia, a la vez que da la impresión de que el Estado Mayor conserva bien los secretos de Francia. No obstante, el ministro de Guerra ordena a Paty de Clam que lo presente a los jueces en la sala de deliberación, algo que es ilegal. A continuación, se destruyen muchos documentos. Se pronuncia el veredicto: Alfred Dreyfus es considerado culpable.

El 5 de enero de 1895, bajo abucheos antisemitas, Dreyfus es degradado en el patio de la Escuela Militar. El 21 de febrero, es subido a bordo de barco Ville-de-Saint-Nazaire y es llevado a la Guayana Francesa. Allí, es encarcelado solo en la isla del Diablo, una roca aislada en el mar, y a partir del mes de septiembre de 1896, es encadenado cada noche en su celda.

| La degradación de Dreyfus en el patio Morland de la Escuela Militar, por Henri Meyer.

LA PRIMERA LÍNEA *DREYFUSARDA*

Cuando se pronuncia la condena, Alfred Dreyfus y su familia intentan comprender qué ha podido suceder para que se haya producido una equivocación de este calibre. Su mujer Lucie (1869-1945) y su hermano Mathieu (1857-1930) se muestran particularmente activos e intentan demostrar por todos los medios la inocencia de Alfred. Mathieu, un industrial de Mulhouse que dispone de ingresos sustanciosos, pone sus recursos al servicio de una investigación privada. En mayo de 1895, entra en contacto con el autor y publicista judío de Nimes Bernard Lazare, que acepta ponerse al frente de las investigaciones y en seguida escucha hablar del expediente secreto. Joseph Reinach se une al pequeño grupo que se crea y que constituye una «línea *dreyfusarda*», tal y como la bautiza el historiador Gabriel Monod. En el momento en el que se forma este núcleo comprometido con la defensa de Dreyfus, ya se empieza a dibujar un ideal de justicia, elemento ideológico central del bando *dreyfusard*. Corregir la injusticia que se ha cometido contra el capitán Dreyfus se convierte para ellos en un medio que permitirá la evolución de una lucha abstracta más general contra la injusticia, tal y como señala Monod en su carta del 31 de diciembre de 1898 dirigida a Joseph Reinach: «Francia solo volverá a recuperar la estima del mundo [...] cuando haya reconocido valientemente sus errores y rinda un homenaje a la Verdad y a la Justicia»[2].

La lucha por la revisión del juicio de Dreyfus no parece que vaya a resultar fácil. En efecto, muchos periodistas consideran que el castigo que se le ha infligido al capitán es justo. Pero un elemento hace que la situación bascule: la llegada a la cabeza de la Sección de Estadística del teniente coronel Picquart en julio de 1895.

PRIMERAS ESPERANZAS DE REVISIÓN: LA VÍA PARLAMENTARIA

Georges Picquart, brillante oficial de origen alsaciano, encarna la vía modernista, de la que Dreyfus también forma parte. Sin embargo, no alberga ninguna compasión por el capitán degradado y no esconde su antisemitismo. En marzo de 1896, recibe directamente de la embajada un documento llamado «el pequeño

---

2. Cita traducida por 50Minutos.es

azul», que establece claramente la relación entre Schwartzkoppen y Esterházy. Picquart, a quien le asaltan las dudas, ordena que se compare la caligrafía del documento con la del informe: se corresponden.

Picquart está muy incómodo: en efecto, no desea empañar el honor del Ejército, pero este documento demuestra la inocencia de Dreyfus. Al no saber qué hacer, empieza por enviar una nota discreta al general Gonse, donde lo anima a llevar a cabo un proceso de revisión. Este último le notifica la orden de ignorar esta nueva prueba y de iniciar una investigación sobre Esterházy que no ponga en entredicho la condena de Dreyfus. El general Boisdeffre es informado de los hechos, al igual que el nuevo ministro de Guerra, Jean-Baptiste Billot (1828-1907). Cuando continúa con la investigación, el jefe de la Sección descubre la ligereza del expediente secreto. Picquart, que pasa a ser un elemento molesto para el Estado Mayor, es apartado y enviado a Túnez, donde todos esperan que no vuelva.

Por fortuna, antes de irse, Picquart informa a un abogado, Louis Leblois (1854-1928), de sus descubrimientos. Mantiene su apego por el prestigio del Ejército y le prohíbe que se ponga en contacto con Mathieu Dreyfus, pero lo autoriza a contactar a Auguste Scheurer-Kestner (1833-1899), primer vicepresidente del Senado que se muestra a favor de la causa *dreyfusarda*. Leblois se apresura a contactar al político el 13 de julio de 1897, que a partir de ese momento está convencido de la inocencia de Alfred Dreyfus. Así, los *dreyfusard* pueden contar con el compromiso de Scheurer-Kestner y con el de Ludovic Trarieux (1840-1904), un abogado que también está convencido de la inocencia del infortunado. A través de este último, se filtran a la prensa datos sobre el expediente secreto.

Con esta fuga, resulta inminente una intervención por vía parlamentaria a favor de una revisión. El comandante Henry, para calmar las preocupaciones de sus superiores, decide multiplicar las faltas profesionales. Hace que el Ejército intercepte falsos telegramas y, sobre todo, efectúa una falsificación completa. Este documento, que a partir de ese punto se conoce como la «falsificación Henry», se crea el 1 de noviembre de 1897. Henry falsea en su casa una carta de Panizzardi dirigida a Schwartzkoppen donde incrimina a Dreyfus sin dejar lugar a dudas. A continuación, fotografía su trabajo y destruye el original para atenuar las posibles sospechas.

Desgraciadamente para Dreyfus y su familia, la vía parlamentaria se salda con un nuevo fracaso. Cuando el presidente del Consejo, Jules Méline (1838-1925), declara en la sesión del 8 de noviembre de 1897 que «el caso Dreyfus no existe» (acta de la sesión, Archivos Nacionales, serie C, subserie C.I), el Estado Mayor todavía no está completamente tranquilo y decide lanzar una instrucción discreta de justicia militar contra Georges Picquart, de quien sospecha que ha revelado datos confidenciales a los periódicos y de quien se quiere deshacer.

NUEVAS ESPERANZAS: LOS INTELECTUALES EN EL CASO

La noticia de las pruebas que se abaten sobre Esterházy llega a oídos de Mathieu Dreyfus a finales de 1897. Decide volverlas públicas. El Estado Mayor intenta evitar el asunto y cubre a Esterházy. Pero resulta inevitable la acusación de este último y es llevado ante los tribunales a partir del 10 de enero. Picquart declara y denuncia el uso de falsificaciones, mientras el general Mercier se defiende y ataca con dureza a Picquart. El 11 de enero, el comandante Esterházy es absuelto.

El grupo de *dreyfusard* va creciendo. Ahora, junto a Mathieu Dreyfus, están preparados para la batalla periodistas y escritores, a los que los *antidreyfusard* llaman intelectuales. Uno de ellos, Émile Zola, decide implicarse activamente en el caso. En enero de 1898, con el apoyo de Bernard Lazare, publica en *L'Aurore* un largo artículo en el que acusa al Estado Mayor francés de la injusta condena del capitán Dreyfus. Georges Clemenceau, que entonces es redactor, encuentra un título impactante que ocupa en letras grandes la portada del periódico: «Yo acuso». El efecto es inmediato. Tal y como Clemenceau y Zola esperaban, el Gobierno denuncia a este último por difamación. Esperan que el proceso contra Zola se convierta en el símbolo del juicio justo al que no ha tenido derecho el capitán Dreyfus.

| La portada de *L'Aurore*, con fecha del 13 de enero de 1898.

continúa con su carrera de periodista hasta 1902. Ese año, vuelve a la vida política que había dejado aparcada una década antes y sale elegido senador. De 1906 a 1909 y de 1917 a 1920, ocupa el puesto de presidente del Consejo. Debe su fama a su participación en la creación del primer servicio de policía judicial francés, las brigadas del Tigre.

El juicio de Zola se desarrolla del 7 al 23 de febrero de 1898. El Estado Mayor defiende el principio de la cosa juzgada —es decir, el respeto incondicional de la sentencia que pronuncia un tribunal que representa a Francia, lo que implica *de facto* que el caso no puede volver a juzgarse— y quiere a toda costa evitar que esto se convierta en un nuevo juicio Dreyfus. Sin embargo, esto es lo que sucede y despierta fricciones en la opinión pública. Cada día, estallan peleas cerca del tribunal. El veredicto es desfavorable para el autor del «Yo acuso». Así pues, cuando se pronuncia la sentencia, Zola ya ha abandonado Francia en dirección a Inglaterra. Es un nuevo revés para los *dreyfusard*.

Tras la condena de Zola, el bando *dreyfusard* es

consciente de que la injusticia que sufre Dreyfus revela los disfuncionamientos de la República. A partir de ese momento, sus miembros están más decididos que nunca a luchar por la defensa de las libertades individuales. Para ellos, estas prevalecen sobre el ámbito de los intereses del Ejército, por importante que sea. Con este pensamiento, Ludovic Trarieux funda en junio de 1898 la Liga de los Derechos Humanos. El grupo, que se convierte en una asociación en 1901, tiene como objetivo particular la sensibilización de la opinión pública a la causa de Dreyfus y, como ambición general, la defensa de los valores del Estado de derecho. La referencia a la Declaración de los Derechos del Hombre y del Ciudadano tiene sentido para los *dreyfusard*. Este texto fundador es un símbolo de las virtudes republicanas sobre las que pesan graves amenazas, como señala el caso.

HACIA LA REVISIÓN

En julio de 1898, Eugène Cavaignac (1853-1905) obtiene el puesto de ministro de Guerra. Desea con todas sus fuerzas cerrar el caso, pero contribuirá a que sea reactivado. Reafirma la fuerza de la cosa juzgada, pero involuntariamente admite que no lo es pronunciando de nuevo el veredicto. Además, se apoya en los documentos del expediente secreto, entre los que se encuentran los múltiples documentos falsificados por el comandante Henry. Sin embargo, en agosto, su oficial ayudante, que comprueba los documentos, se da cuenta de la presencia de estas falsificaciones. Por otra parte, en el marco de una investigación que lleva a cabo para apartar a Esterházy del Ejército, se da cuenta de que este último ha colaborado con el Estado Mayor para cubrir su culpabilidad en detrimento de Dreyfus. Aunque Cavaignac está en una posición incómoda, no puede dar marcha atrás. Así, interroga a Henry, que lo confiesa todo. En seguida, el comandante es trasladado a prisión, donde se suicida. El 26 de septiembre de 1898, el Consejo de Ministros acepta la petición de Lucie Dreyfus de apelar a la Corte de Casación.

En junio de 1899, se anula la sentencia de 1894. No obstante, el teniente coronel Picquart es arrestado y llevado a juicio ante un tribunal militar por haber comunicado datos confidenciales que obtuvo durante su servicio. Es obvio que el

Estado Mayor no tiene la intención de abandonar por completo su defensa. Pero no se trata de un caso desesperado y el 3 de junio de 1899 se anuncia la revisión de forma oficial.

UNA VICTORIA AGRIDULCE

El Estado Mayor responde. Respaldado por algunos diputados, intenta declarar incompetente a la cámara de lo penal encargada de efectuar la revisión para acallar el caso. Pero esta no abandona y, en marzo de 1899, incluso declara incompetentes a las autoridades militares del juicio de Georges Picquart. En efecto, los dos asuntos están relacionados: si Picquart es condenado, se reforzaría la sentencia pronunciada contra Dreyfus en 1894. Finalmente, se decide que el caso del capitán Dreyfus, repatriado el 9 de junio de 1899 desde Guayana, sea revisado por el tribunal militar de Rennes.

El juicio se inicia en agosto de 1899. Todos los oficiales del Estado Mayor vienen a ofrecer su testimonio sobre la culpabilidad de Dreyfus y afirman la inocencia de Esterházy. Los debates son acalorados y no parece que el veredicto vaya a resultar favorable para Alfred Dreyfus.

El 8 de septiembre de 1899, la corte de Rennes vuelve a declararlo culpable, pero esta vez con circunstancias atenuantes. Es condenado a 10 años de prisión, algo que deja atónitos a los *dreyfusard*. Aunque la formulación del veredicto parece sorprendente —¿qué significa ser culpable de traición con circunstancias atenuantes?—, en realidad se trata de intentar apaciguar a la nación francesa, que se encuentra profundamente dividida en torno al caso. Así, se intentan calmar las tensiones y establecer un consenso para poner punto final a las profundas disensiones que se producen en esa época entre el pueblo francés. En efecto, el caso ha propiciado el surgimiento de dos grupos cuyos enfrentamientos no solo están relacionados con la condena del capitán Dreyfus, sino que en realidad revelan posturas ideológicas y políticas fuertes que son completamente opuestas. El bando *dreyfusard* defiende valores de justicia universal e invoca los principios de la Declaración de los Derechos del Hombre y del Ciudadano, considerados un símbolo de democracia y base de la supervisión republicana frente a los abusos de poder. Por su parte, sus contrincantes nacionalistas se aferran a un ideal de primacía del prestigio nacional sobre las libertades individuales, de sacrificio del individuo en nombre de los intereses superiores de la patria.

Consciente de los importantes altercados que provoca el caso, el presidente del Consejo, Pierre Waldeck-Rousseau (1846-1904), propone otorgar la gracia presidencial a Dreyfus. A Mathieu, el hermano de este último, le cuesta aceptar esta solución intermedia, que no convierte a Alfred en un inocente, sino en un culpable perdonado. Sin embargo, algunos personajes importantes unidos a su causa lo animan a aceptar. Los *dreyfusard* terminan por ceder y, el 19 de septiembre de 1899, el presidente de la República Émile Loubet (1838-1929) firma el acta en la que indulta a Dreyfus. Tras 4 años en la cárcel, por fin es libre.

REPERCUSIONES

EL IMPACTO EN LA OPINIÓN PÚBLICA

A través de la prensa, la opinión pública se informa y vive fundamentalmente los vuelcos del caso. En efecto, con la Tercera República la prensa goza de una influencia considerable, dado que la ley del 29 de julio de 1881 garantiza su libertad. De hecho, es en nombre de esta libertad cuando la xenofobia y el antisemitismo tienen derecho a aparecer en las columnas de los periódicos. Mientras el caso se va desarrollando, la prensa nacionalista se desata. Cuando se produce la degradación del capitán Dreyfus, *La Libre Parole* publica un artículo titulado «¡Abajo los judíos! Viva el Ejército». En 1896, *L'intransigeant* del republicano Henri Rochefort (1831-1913) se pone de acuerdo con el título del libro de Drumont para denunciar una supuesta «judería» que respalda a Dreyfus. La prensa virulenta vincula la alianza *dreyfusarda* que se forma en ese entonces con un sindicato que agruparía a judíos, francmasones, protestantes y extranjeros, según las teorías del escritor realista Charles Maurras (1868-1952).

| La portada del periódico *La Libre Parole* en la que se puede ver un retrato de Drumont.

La mayoría de los medios de la época es *anti-dreyfusard*. Esta postura uniforme contrasta con la profunda fractura que divide a la opinión parisina. Una prueba de ello es la caricatura —que después se vuelve famosa— del dibujante Caran d'Ache (cuyo nombre real es Emmanuel Poiré, 1859-1909), titulada *Un dîner en famille*, «Una cena en familia», publicada el 14 de febrero de 1898 en *Le Figaro*.

«Una cena en familia», Caran d'Ache, 1898. La primera escena muestra una docena de comensales sonrientes sentados a la mesa y, a modo de subtítulo, se ve: «¡Sobre todo, no hablemos del caso Dreyfus!». Una segunda imagen presenta a los mismos comensales que luchan y el subtítulo anuncia «...Han hablado de ello...».

Sin embargo, este testimonio de la ruptura en la opinión pública únicamente puede aplicarse al caso parisino. En efecto, en el resto de Francia, el caso no suscita el mismo entusiasmo y, en general, solo provoca indiferencia.

UN CASO POLÍTICO: LOS *DREYFU-SARD*, LOS DREYFUSISTAS Y LOS DREYFUSIANOS

El caso Dreyfus marca un hito en la historia de la Tercera República porque desempeña un papel de lente en torno al cual se cristalizan las tensiones importantes de la época. Una injusticia cometida contra un individuo se convierte en un problema social y, más adelante, en el germen de la crisis política. Por consiguiente, cabe diferenciar 3 formas distintas de compromiso en el caso.

- Los *dreyfusard*, que aparecen a partir de 1894, son individuos que quieren rehabilitar a un inocente condenado injustamente, el capitán Alfred Dreyfus. Construyen su lucha en torno al hombre deshonrado y en torno a la persona judía víctima de antisemitismo.
- Los dreyfusistas, que aparecen cuando el caso

crece y despierta reacciones acaloradas en la opinión y en los periódicos, tienen una visión más amplia que la de los *dreyfusard*, pero igual de importante. El caso constituye para ellos un fenómeno de sociedad que saca a la luz los puntos oscuros de la República que hay que eliminar. El dreyfusismo concibe el caso como una ocasión para crear una nueva forma de política, para consolidar las bases republicanas francesas de finales de ese siglo XIX.

- Para acabar, hay que recordar el hecho de que el caso Dreyfus también es un caso político. En efecto, las oposiciones virulentas entre dreyfusistas y nacionalistas, visibles de 1894 a 1900, envuelven la política francesa en un clima pernicioso. El fenómeno cobra tal envergadura que llega a amenazar la república parlamentaria. El 23 de febrero de 1899, cuando se desarrollan los funerales del presidente Félix Faure (1841-1899), miles de nacionalistas liderados por el novelista Paul Déroulède (1846-1914) y por Charles Maurras, ideológicamente muy cercanos a Drumont, se agolpan en la plaza de la Nación con la esperanza de derrocar al Gobierno. El golpe fracasa y Déroulède es arrestado. Pero el peligro es real. Así, se forma el grupo de los dreyfusianos, para los que la situación personal de Dreyfus importa poco, pero que desean una resolución rápida del caso para apartar las amenazas que se abaten sobre la República. Entre ellos, encontramos sobre todo a Waldeck-Rousseau, artífice de la gracia de Dreyfus. Aunque esta solución le viene bien al bando dreyfusiano, lo cierto es que no soluciona la injusticia que se ha cometido contra el capitán.

LA REHABILITACIÓN DEL CAPITÁN DREYFUS

En 1900, el caso Dreyfus forma parte del pasado para muchos. Pero todavía quedan algunos *dreyfusard* tenaces muy decididos a no abandonar la lucha para la rehabilitación. Mathieu Dreyfus sigue investigando con la esperanza de aportar pruebas irrefutables sobre la inocencia de su hermano. En su investigación, es respaldado por Jean Jaurès, que decide volver a lanzar los debates en torno al caso en la Cámara de los Diputados. Ahí pronuncia un discurso sobre este tema los días 6 y 7 de abril de 1903. La Cámara duda en reabrir el caso y opta por iniciar una investigación informal. El resultado es concluyente, puesto que demuestra las manipulaciones criminales del Estado Mayor de 1894. Se apela a la Corte de Casación que, el 12 de julio de 1906, anula la revisión del caso en Rennes con estas famosas palabras registradas en la sentencia oficial: «De la acusación realizada contra Dreyfus, no queda nada en pie»[1] (Archivos nacionales, serie BB, subserie BB^{19} 131).

Sin embargo, habrá que esperar a la victoria del partido radical de Clemenceau en las legislativas de mayo de 1906 para que por fin se haga justicia. La izquierda rinde un homenaje póstumo a los parlamentarios Trarieux y Scheurer-Kestner, mientras se decide desplazar las cenizas de Zola al Panteón. El 13 de julio de 1906, la Cámara vota las leyes de rehabilitación de Georges Picquart y de Alfred Dreyfus, que es ascendido a comandante y a caballero de la Legión de Honor. Por fin se restituye la verdad, que pone un punto final a este espinoso expediente que sacude a Francia durante 12 largos años.

---

1. Cita traducida por 50Minutos.es

| Foto de la rehabilitación de Dreyfus tomada por Valerian Gribayedoff.

EN RESUMEN

1894

***26 sept.*:** **la Sección recibe el informe sospechoso**

Oct.: Dreyfus es señalado como sospechoso

Nov.: el Estado Mayor falsifica varios documentos para acusar a Dreyfus

***Dic.*:** **primer juicio de Dreyfus**

1895

***21 feb.*:** **Dreyfus es deportado a la Guayana Francesa**

1897

8 nov.: fracasa la vía parlamentaria

1898

En.: Esterházy es inculpado, pero en seguida es absuelto

***13 en.*:** **publicación del texto de Zola «Yo acuso»**

7-23 feb.: juicio de Zola

***Ag.*:** **el comandante Henry lo confiesa todo y se suicida**

- En septiembre de 1894, un documento apodado el informe llega a la Sección de Estadística, el servicio de contraespionaje del Ejército francés. Revela la existencia de vínculos entre un oficial francés y la embajada alemana en París. El Estado Mayor se estremece y desea desenmascarar al traidor lo más rápidamente posible.

- El Estado Mayor y los oficiales de la Sección, profundamente antisemitas, señalan al capitán de origen judío Alfred Dreyfus como culpable. Ante la ligereza de las pruebas, no dudan en bascular en la ilegalidad y falsifican ciertos documentos. Un expediente secreto elaborado arbitrariamente precipita la condena de Dreyfus, que es deportado a la Guayana Francesa.

- Mientras Mathieu Dreyfus intenta por todos los medios ayudar a su hermano, se lanza una contrainvestigación. En 1896, la llegada a la cabeza de la Sección de Georges Picquart altera el expediente. Este descubre la vacuidad de la acusación contra el capitán Dreyfus. Su compromiso prudente solo lo lleva a ocupar una posición incómoda y el Estado Mayor intenta deshacerse de él.

- La vía parlamentaria, respaldada por diputados comprometidos a favor de Dreyfus, también fracasa. Los *dreyfusard* son desacreditados y el Gobierno se niega a revisar la sentencia de 1894. El Estado Mayor colabora con el auténtico autor del informe, el comandante Esterházy, para cubrir sus faltas profesionales.

- Mientras tanto, el caso toma proporciones insospechadas. En París, la opinión se muestra dividida y los periódicos recogen debates virulentos. El caso pasa de ser una injusticia policial a un asunto político. Frente a los nacionalistas enfurecidos se erigen los dreyfusistas, que consideran que la injusticia que se ha cometido con Dreyfus es un acontecimiento que saca a la luz los vicios de la República.

- Mientras las tensiones van en aumento, en el

bando *dreyfusard* se forma un grupo de los llamados intelectuales, conformado por autores y miembros de grandes escuelas, entre los que se encuentra Émile Zola. En 1898, este publica en el periódico *L'Aurore* un texto vehemente titulado «Yo acuso», con la esperanza de iniciar una revisión del caso. Aunque la opinión está agitada, este intento fracasa y Zola se ve obligado a exiliarse.

- Jules Cavaignac, ministro de Guerra a partir de 1898, lanza una gran operación que tiene como objetivo clasificar el expediente de una vez por todas. En vez de eso, su acción saca a la luz las manipulaciones de los oficiales del Estado Mayor. El comandante Henry, autor de varias falsificaciones toscas, es encarcelado y se suicida durante su presidio. Por fin se inicia la revisión.

- Sin embargo, el proceso de Rennes de 1899 termina con una ratificación de la condena de Dreyfus. El presidente del Consejo Waldeck-Rousseau, consciente del peligro que el caso hace correr al régimen parlamentario, encuentra un recurso: Dreyfus es indultado, pero sigue siendo considerado culpable de los hechos que se le achacan.

- El combate de los últimos *dreyfusard* por la rehabilitación total, respaldado sobre todo por Jean Jaurès, no llega a buen término hasta 1906, realmente. Entonces, Alfred Dreyfus es rehabilitado y recibe el título de caballero de la orden de la Legión de Honor, con lo que se pone punto final a una larga lucha que dura unos 10 años.

¡Tu opinión nos interesa!
¡Deja un comentario en la página web de tu librería en línea,
y comparte tus favoritos en las redes sociales!

PARA IR MÁS ALLÁ

FUENTES BIBLIOGRÁFICAS

- Baumont, Maurice. 1959. *Aux sources de l'Affaire.* París: Les Productions de Paris.

- Birnbaum, Pierre. 1994. *L'affaire Dreyfus. La République en péril.* París: Gallimard.

- Duclert, Vincent. 2006. *L'affaire Dreyfus.* París: La Découverte.

- Faletti, Sébastien. 2002. *Alfred Dreyfus.* París: Hatier, colección *Figures de l'histoire.*

- Ponty, Janine. 1974. "La presse quotidienne et l'affaire Dreyfus en 1898-1899". *Revue d'histoire moderne et contemporaine.*

FUENTES COMPLEMENTARIAS

- Dreyfus, Alfred. 1998. *Carnets (1899-1907).* París: Calmann-Lévy.

- Société internationale d'histoire de l'affaire Dreyfus, "L'affaire Dreyfus". Consultado el 6 de agosto de 2017. http://affaire-dreyfus.com/

PELÍCULA

- *L'Affaire Dreyfus.* Telefilme dirigido por Yves Boisset. París: Les Productions de Paris, 1995.

FUENTES ICONOGRÁFICAS

- Caricatura publicada en La Libre Parole en 1895. Muestra a un ario que se libera de las cadenas que lo mantenían preso del judío y del francmasón. La imagen reproducida está libre de derechos.

- *La degradación de Dreyfus el patio Morland de la Escuela Militar*, por Henri Meyer. La imagen reproducida está libre de derechos.

- La portada de L'Aurore, con fecha del 13 de enero de 1898. La imagen reproducida está libre de derechos.

- La portada del periódico *La Libre Parole* en la que se puede ver un retrato de Drumont. La imagen reproducida está libre de derechos.

- «Una cena en familia», Caran d'Ache, 1898. La imagen reproducida está libre de derechos.

- Foto de la rehabilitación de Dreyfus tomada por Valerian Gribayedoff. La imagen reproducida está libre de derechos.